Ser trader

Publicación año 2017

Obra registrada en depósito legal

Ser trader

SER

TRADER

JAIME BEL

Ser trader

BIOGRAFÍA DEL AUTOR

Siempre digo que este libro es el último. Nunca lo es, y espero que nunca lo sea. El hecho de serlo será porque estaré muerto, aunque siga teniendo vida.

No tener nada que decir, es tener ganas de morir.

Ser trader

Ser trader

SER

TRADER

JAIME BEL

Ser trader

NOTA DEL AUTOR

Aprender a ganar a los mercados es fácil si tienes cabeza y orden.

El ser humano está dotado de tales cualidades. Muy diferente será que pueda ejercerlas. El entorno exige de un ritmo brutal que anula tales virtudes.

Será muy difícil batir al mercado mes a mes si tu día a día es un obstáculo a superar.

El mercado fue un juego creado por los ricos al que nunca podrán acceder los pobres. No hablo de dinero, hablo de cabeza y de orden, cualidades que determinan quien es rico y quien es pobre.

Ser trader

A los que piensan antes de ejecutar.

Ser trader

Ser trader

ÍNDICE

Este libro no atiende a una secuencia lógica de capítulo por capítulo. El autor no ha tenido a bien seguir el ritmo protocolario que debería darse en estos casos.

No hay capítulos, es una continua redacción de lo que se quiere transmitir enlazando y progresando en el contenido.

Ser trader

TODO ES UN JUEGO

Ser trader

Un día, casualidades del destino para quienes crean en ello, conocí a un inglés, de Liverpool. Se llamaba NC. Demasiados datos para que hoy pueda sentirse reconocido. La historia que voy a contarles es real, ¿Por qué alguien debería ofenderse?.

El joven NC, que por aquel entonces tenía 34 años, tenía un hijo y una herencia que muchos querrían para apropiarse un techo pagado hasta el final de sus días.

El siempre alegre y divertido NC, vivía en un fantástico ático dúplex, alquilado en una de las mejores zonas de aquel fantástico pueblo costero junto al club náutico. Frente a él, una pequeña playa donde poder hacer deporte cada día al atardecer.

Su casa estaba bien amueblada y desde su gran terraza podías ver el mar y los mástiles de los veleros amarrados en el puerto deportivo.

Años más tarde, descubrí que dos cuadros que colgaban en su alcoba, habían sido pintados por un artista reconocido e hijo adoptivo de tal lugar. Aquel pintor estaba cotizado a unos 5.000-10.000€ cuadro. En cuanto lo supe y recordé que el ya no tan joven NC, con el que siempre tuve relación, podría seguir teniendo aquellos cuadros colgados en la cabecera de su cama, le llamé y se lo hice saber, le di todo tipo de información para que supiera que no estaba bromeando. Se limitó a darme las gracias, simplemente.

Aún hoy siguen esos cuadros colgados y el sigue sin una perra para derrochar. Tampoco es amante del arte. Nunca más se volvió a comentar los posibles 15.000€ que tenía colgados en aquella pared de un piso de alquiler.

Tenía una mujer que aguantaba sus locuras, no todas lo hacen.

También el pequeño de la casa era sonriente y muy gracioso cada vez que me veía.

Al joven NC le gustaba jugar y competir. Podía parecer agresivo, pero el fondo de su corazón escondía ganas de expresar, jugar y reír sin parar como si la realidad no fuera con él.

Una mañana, mientras recorríamos en bici de montaña el entorno verde y frondoso de aquella fantástica comarca, paramos a almorzar en un típico restaurante inglés. Se llamaba Scallops.

Un desayuno completo inglés era el protagonista de aquel lugar. Servido en una bandeja con dos huevos fritos, dos salchichas, dos lonchas de bacón, un tomate partido y frito a la plancha y unas cuantas beans. Esa suculenta bandeja para cada uno, iba acompañada de unas tostadas con mantequilla, zumo de naranja natural y un café con leche.

Él siempre defendía la cocina inglesa, y yo por no ofender escuchaba con una media sonrisa pensando en que en ese terreno los ingleses hasta el día de hoy no podían competir con los españoles.

Él siempre fue un defensor a medias de su Inglaterra. También era muy crítico.- No se puede tener todo amigo. ¿Acaso tú conoces a alguien que lo tenga todo?. Si es así preséntamelo. Estaré encantado de conocerle y de aprender cómo demonios lo ha logrado.

Le gustaba beber cerveza y emborracharse de vez en cuando.

Hablábamos de ideas y conceptos preconcebidos de la sociedad.- ¿Sabes de qué hablan los pobres?. De los demás. ¿Y sabes de qué hablan los ricos?. De ideas, reflexionan e intentan salir de toda esta mierda. ¿Y los mediocres?. De esas ideas que tienen y que nunca llevan a cabo porque son demasiado vagos para poder hacerlas realidad. Lo único que quieren es intentar diferenciarse de los pobres pero realmente son igual de pobres que todos.

Era un lector y defensor de Napoleon Hill y de tantos otros que seguían esas líneas del pensamiento positivo.

Hay que decir, que quizá en el 80% de las conversaciones, éstas acababan siendo monólogos. Una persona tan activa como él se sentía bien ante un complaciente como yo.

Poco a poco fuimos profundizando en nuestras vidas hasta todo aquello que se puede contar. Quizá no le interesen demasiadas cosas a aquellos que no quieren preguntar más allá de lo imprescindible. Apliquenlo.

El joven NC, tenía una oficina alquilada en la calle principal de aquella fantástica población. Era la última de todas de ese edificio en mitad de la calle principal. La de arriba del todo. Y en ella tenía una terraza que podías ver el mar también. Podías echarte una siesta en un gran sillón con masaje o podías degustar un fantástico sándwich en su set de cocina. Allí nunca faltaba cerveza y tabaco. Tampoco refrescos, leche y comida.

El protagonista de aquella oficina y su sala principal, frente a la gran cristalera que daba a una gran terraza, era una gran mesa en forma de ele y con tres grandes pantallas repletas de gráficos.

Un gran sillón de piel acompañaba la puesta en escena. Las pantallas, todas coloridas de gráficas imposibles, representaban todo y nada a la vez en ese momento.

De vez en cuando un sonido alertaba de algo. Quizá fuera una noticia, un nivel alcanzado de precio, una ganancia, una pérdida, etc.

He de reconocer que al principio nada de todo aquel espectáculo me llamó la atención. Yo quería mi sándwich de media mañana, un café y fumar un cigarrillo desde aquella terraza viendo el mar un miércoles cualquiera.

Mi querido amigo entraba y salía a cada sonido. No paraba quieto, y mientras atendía lo que yo en ese momento desconocía por completo, disfrutaba de todo aquel momento.

En una de esas ausencias mientras observaba a la gente paseando por la calle principal desde la terraza, me vino la luz.

Poder lograr dinero del dinero sin depender de terceros era un concepto de trabajo que rompía con lo establecido. Hasta ese momento, lo que yo comprendía era exactamente eso. Entendía que mi amigo vivía así. Libre y autosuficiente.

Mi formación era estrictamente económica y empresarial. Había realizado posgraduados en finanzas y esas cosas necesarias para ponerte ese maldito cartel y empezar a venderte por cualquier multinacional que se precie y apostara por ti.

Sabía conceptos necesarios y suficientes acerca de los modelos de mercado, el dinero, el valor, fiscalidad, y ese tipo de cosas. También había leído unos cuantos pensadores del momento y de siglos pasados. Karl Marx hubiera prendido fuego a aquella oficina y lo que aquí estoy diciendo. Su teoría representada en la obra de "El Capital" exponía eso del valor del trabajo y esos encadenamientos de letras que transformaban el Dinero en Mercancía (M-D-M). Su teoría era crítica con el uso del capital y la manera de entenderlo la sociedad del momento y la que vendría. Hablaba de la explotación de los obreros a coste de ganar dinero transformándose en capital para sólo unos pocos a costa del resto.

Es una teoría y práctica que nada tiene que ver con el mundo de los mercados financieros.

Marx no hubiera sido amigo nuestro seguramente y no se trata de que unos sean buenos y otros malos. Tampoco ni mejores ni peores. Pero como casi todas las evidencias, por muy científicas que estas sean, siempre existen contraindicaciones. Ese es el verdadero análisis crítico que todos deberían hacer.

Todo esto, es una avanzadilla para justificar que lo que el joven NC hacía *era especular. Esa tan temida palabra usada por los demonios.*

¿Hay alguien que no haya especulado nunca?.

¿Es buena o mala la especulación?.

Esas son las preguntas que se cuestionan quien no quiere preguntarse otras no menos importantes.

¿Es necesaria la especulación para generar riqueza?.

¿Existiría usted mismo si la especulación no existiera?.

¿El término ambición va intrínseco en el ser humano y consecuencia de ello la superación y la prosperidad de uno mismo y la de los demás?.

La especulación es el camino más corto y más arriesgado para conseguir tus logros.

Por eso desde que los tiempos son tiempos, el ser humano no ha dejado de especular con los medios del momento.

Al hilo de esta reflexión, casualmente en los días en que escribía estas líneas, hablé con otro buen amigo y le hice la siguiente afirmación. "El ser humano si fuera consciente de su derrota vital desde el mismo momento en el que nace, seguiríamos viviendo en las cavernas. El desarrollo es fruto de esa ignorancia".

Usted y yo si estamos aquí no es precisamente porque somos amantes de la naturaleza. Usted y yo si estamos aquí es porque nuestros ancestros no fueron a batallar a jugarse la vida, sino que se quedaron en casa para salvar la suya propia. Todo lo que tiene es fruto del egoísmo y de la codicia.

Yo mismo, al escribir este libro me bastaría con guardarlo en un cajón o mostrarlo y regalarlo a quien yo desee. Pero el ser humano desea que esta pieza sea extensible. Que usted gane al leerlo y yo al vendérselo. Como usted desea progresar en su trabajo o mejorar sus tiempos en el deporte o comprar mejor calidad al mejor precio. No me negará que usted no mira varias marcas de coches para ver cual tiene mejor equipamiento al mejor precio. Igual que hacen los productores para ofrecer mejor calidad al mejor precio, para vender más que sus competidores.

Usted quiera o no quiera está inmerso en esta dinámica económica y social. Negarlo o renegar de ello es el acto más hipócrita, sutil pero hipócrita, porque todos somos el mercado y usted el primero que lee este libro haya sido comprado o regalado. Usted quiere ser especulador como el joven NC.

Que nadie se engañe. Karl Marx y su fantástica obra "El Capital", en buena hora hay que leerla. El conocimiento también es una pieza principal que debe de estar impresa en nuestra especie. Justo ese, el conocimiento, es la que nos diferencia de otras especies que no lo tienen. Por eso somos quien gobierna en este mundo mientras no haya otros con más conocimiento que el nuestro. Conocimiento es poder.

Al final, como el propio título del capítulo indica, todo es un juego. La vida es un gran tablero donde quien está debe intentar divertirse. La forma mejor de hacerlo es aprendiendo a jugar mejor que el resto.

La vida tiene tiempos. El nuestro es limitado. Otros ya jugaron en ella. Hubo quien ganó, otros perdieron y otros simplemente se divirtieron. NC fue, es y será de los que se divirtieron en este mundo.

La bolsa, los mercados financieros es el mayor de los juegos, el de los ricos, el del dinero, ese bien que nos permite seguir divirtiéndonos. Por eso fueron los ricos quienes lo inventaron. Y ahora que hasta los pobres pueden hacerlo. Aprende a jugar, diviértete, y si eres capaz de ganar dinero, serás el mejor jugador de este juego.

Para llegar a ser de los buenos, primero has de no ser un chalado o pringado. Entiéndeme, chalado es aquel que piensa que es Dios y no merece ni medio lomo. Y el pringado es aquel que siendo Dios pide medio lomo para pasar el mes.

Ni una cosa ni otra has de ser. Porque siendo lo uno o lo otro acabarás apaleado por el resto que quieren matarte socialmente y económicamente.

El dinero es la sangre del organismo. Los traders, son los médicos del sistema.

¿Has pensado que haría el mundo sin médicos?. ¿sin investigadores?. Seguiríamos muriendo al nacer y nuestra esperanza de vida seguiría siendo 33 como Jesucristo.

Gracias a la ciencia y su desarrollo quizá hoy vivas más que tus padres. Tus hijos más que tú.

Trader es aquel que sabe cómo vivir más y mejor en el capitalismo. Tiene el conocimiento suficiente y necesario para salir vivo de esta esclavitud. Cualquier sistema lo es. No puede ser de otra manera. Sea el feudalismo, el comunismo o como usted quiera llamarlo o desee inventarlo. Si hay sistema es porque hay unos encima de otros, unos gobernantes y otros gobernados, unos ricos y otros pobres.

Sé que ahora, usted persona inteligente, busca algún silogismo en su cabeza para rebatir con algún concepto lógico lo que aquí estoy exponiendo sin calmante, analgésico o anestésico.

Llevo en este mundo lo suficiente para saber cómo ganar dinero del dinero. ¿Usted sabe lo que significa eso?. Significa que me acabo de follar a usted y a sus antepasados de un plumazo. Seguro que los suyos, como fueron los míos, pasaron sus vidas trabajando para poder tener una vida digna, y pobres de ellos, creyeron ser felices por pisar moqueta o vestir bien, unas buenas vacaciones y a seguir produciendo a la sombra del poder del dinero.

Tranquilo, no se alarme. Yo también vengo de donde usted viene. Soy de los suyos. Lo que aquí trato de explicarle son los métodos de un sistema y las herramientas para controlar ese sistema. Para ello debe usted cambiar de paradigma mental, chip o lógica vital. Llámelo como usted quiera pero ya me ha entendido.

Si esto le afecta y se lo toma a lo personal es problema suyo. No lee esto para satisfacer su ego sino para conocer en que mierda lógica y económica está viviendo. Deme las gracias maldita sea.

El joven NC hablaría de esa manera. Recuerdo que se enfadaba cuando en uno de esos bares costeros, al pedir otro par de cervezas, el camarero sin mirarle a los ojos y a lo lejos, abría la cámara y cogía un par de cervezas para servirlas en nuestra mesa como si fuéramos animales. – ¿Sabes por qué hace eso este animalito?. Porque tiene tantos clientes que no le hace falta tratarlos bien. De la misma manera yo que vengo aquí a dejar mi dinero en su bar costero puedo decirle que su servicio es pésimo y merece aprender educación y buenos modales. Seguramente si lo hiciera se enfadaría como los niños. ¿Si este animalito ha abierto este bar para ganarse la vida, por qué yo que vengo aquí a traer mi dinero pagando sus servicios me trata como un puto animal tío?. ¡Oh! Está bien. Pues cuando no venga nadie no llores como los niños y vayas al gobierno a pedir ayuda joder!.

¿Ha leído acerca de la historia del oro?. No me refiero al concepto estrictamente económico, por aquello del patrón oro y demás, sino a todos aquellos que marcharon buscando en tierras lejanas la riqueza en forma de pepita dorada, la llamada fiebre del oro.

Dicen que a finales del S.XIX más de 300.000 personas emigraron hacia California atraídos del resto de EE.UU, Europa, Asia, América latina y Australia. Los llamados "forty-niners". Hicieron grandes viajes, dejaron familias y tuvieron que acometer gastos de desplazamiento, alojamiento, comida, herramientas, asesoramiento de aldeanos conocedores del terreno, etc.

Podríamos hacer un paralelismo en este sentido con los traders de hoy día. También andan buscando ese cáliz eterno. Abren cuentas en brokers incitados por una publicidad masiva y agresiva obviando los costes en los que acarrearán. Estos, como lo hiciesen los "forty-niners" gastaron sus ahorros en los inicios, equipamiento, formación de otros que se hacían pasar por buscadores de oro sin serlo. Todo esto sin asumir las pérdidas que se cometían por desconocer como acometer el terreno.

La alta concentración de oro en determinadas zonas como así sucede en determinados mercados. Tengan en cuenta que cuando un trader mira una gráfica, tras ésta existe un potencial de dinero cotizando que puede extraer si utiliza las herramientas adecuadas. Como si fuera una mina de oro donde todos saben que hay tal preciado mineral pero falta la técnica y los materiales adecuados para ser capaz de extraerlo.

Los "forty-niners" como los traders, iniciaron el desarrollo de sus técnicas para poder extraer el preciado metal. Veían que sólo con un pico y una pala no era forma de alcanzar la riqueza, y eso les llevó a profundizar mucho más en sus técnicas. Había quien se alejaba del lugar siguiendo ríos donde no estaba demasiado saturado de buscadores, había quien compraba terrenos pensando que podría haber una mina, o simplemente los había que intentaban elaborar métodos más especializados para lograr el éxito.

Quizá les suene todo esto bastante. Los "forty-niners" del S.XIX son los traders del S.XXI.

Una de las creencias más popularizada es que los propios comerciantes, es decir, aquellos que no eran ni buscadores ni traders sino aquellos que se dedicaban a suministrar las herramientas y utensilios para la extracción del oro, dicen que sacaron más ganancias que los propios buscadores de oro.

Hay buscadores que ganaron dinero con el oro claro está, pero estos fueron los mínimos, más ganaron los comerciantes que compraban en San Francisco herramientas para luego venderlas a los buscadores de oro por mucho más dinero.

Cuando se corrió la voz de que había minas de oro y de que algunos se habían hecho millonarios. Muchos vinieron en busca de tal sueño. Llegaron tarde. Ganaron poco y llegaron a perder dinero una vez descontados los gastos que les acarreaba estar allí.

Puede que esto les parezca una opinión negativa, poco optimista. No es mi opinión, es un diagnóstico de lo que allí ocurrió. Y también de lo que está sucediendo con el auge de los traders pensando que desde casa y con un software pueden vivir de ello. Incluso los hay que piensan hacerse ricos.

Como explicaba en un principio. Esto no está hecho para los pobres. Lo inventaron los ricos para divertirse. Llegados al S.XXI después de tantos años de diversión por parte de unos pocos, toca renovarse, y así está sucediendo en el mundo de los mercados financieros. Descubran por ustedes mismos quienes son los propietarios de los brokers para quitar el dinero de los pobres traders, y digo pobres porque sus métodos no son los adecuados para operar en los mercados. Acaban perdiendo sus pocos ahorros pensando en que iban a ganar más que su vecino del quinto, y éste a su vez de su primo lejano y así sucesivamente.

¿Han conocido alguna persona de su entorno que viva del trading?. Si lo hace

es porque ya podía vivir de forma acomodada antes de operar en bolsa.

Simplemente éste se ha reconvertido y lo que hoy le reporta el trading en forma de ganancias, antes lo hacía mediante otro tipo de inversión.

Hagan un planteamiento real y sincero al respecto. Díganme cual es el sueldo medio de una persona del estado en el que usted vive. Ahora díganme cual puede ser su capacidad de ahorro. Ahora díganme qué cantidad de lo que ingresa se destina a costes fijos (vivienda, comida, transporte, impuestos, ocio, seguros, sanidad, educación). Ahora díganme de cuánto tiempo dispone diariamente para dedicarlo a la formación del trading primero para poder ser un trader experimentado. Ahora díganme cual es el rendimiento que está dispuesto a obtener anualmente (recuerde que el mayor especulador bursátil de la historia George Soros lleva 50 años ganando una media de un 20% anual). Pongamos que esa persona sea usted mismo o cualquier otro vaya a ganar lo mismo que George Soros (20% anual). Ahora dígame cuánto dinero necesita para cubrir sus necesidades antes mencionadas, y por último y para concluir dígame que capital necesita para obtener ese rendimiento anual si no va a ganar más que el mayor especulador de todos los tiempos (20% anual).

Si usted es inteligente podrá comprobar que nunca llegará a vivir del trading siendo pobre. Podrá ver por usted mismo *con un lápiz y un papel como esto que le estoy comentando tiene toda la sensatez del mundo.*

El trading no es para los pobres porque no podrían vivir de ello. No me malinterpreten, el problema es porque no tienen el capital suficiente para vivir de ello.

Y usted me dirá, yo podría recibir una herencia (espera a que le llegue), o podría vender mi casa y con el dinero destinarlo a vivir del trading (¿de verdad tiene una casa pagada totalmente y si es así está dispuesto a venderla para especular en bolsa con el fin de vivir de ello?).

Sólo a partir de tener mucho dinero uno puede permitirse el lujo de vivir del trading. Es mera cuestión matemática. Si usted tuviera su casa pagada y además por x razones tuviera un millón de euros líquidos en su cuenta bancaria, podría destinar un 25% (250.000€) de ese dinero a especular con él. El resto (750.000€) lo tendría en un plazo fijo sin riesgo con una rentabilidad fija y segura cada año.

No crean a aquellos que dicen llamarse traders y lo que hacen es vender cursos para vivir de ello. Serán y lo son buenos analistas, intrépidos traders con una micro cuenta de 1.000€ pero lo que se dice vivir del trading, no.

Hacen falta muchas generaciones antes que la suya para que usted tenga la suficiente calidad de vida como para poder vivir del trading.

No se amargue, el trading no es para que ganen los pobres sino para que pierdan.

¿Saben qué porcentaje de los traders que se inician pierden su dinero?. El 95% acaba perdiendo el dinero que ingresó en su cuenta de trading. Estos son datos reales obtenidos anualmente de diferentes brokers de todos los clientes que han depositado dinero para operar en los diferentes mercados financieros.

A pesar de estos datos, y por muy letales que sean y parezcan. El hombre sigue intentándolo para ser ese 5% vencedor.

Y ahora les digo. Si usted es pobre y es uno de ese 5% vencedor, seguirá siendo pobre, es decir, seguirá levantándose cada mañana para ir a trabajar porque económicamente nada habrá cambiado en su vida en ese aspecto a pesar de ser ese 5% vencedor.

Ya les comenté antes verdad, aunque sea ese 5% vencedor y gane como el mejor especulador de todos los tiempos (20% anual) no podrá vivir del trading. Son matemáticas.

Los hay que, en tiempos de crisis o de inapetencia vital por falta de realización se dejan seducir por el supuesto dinero fácil que se puede ganar especulando en los mercados. Y estos se embarcan en potenciales bancarrotas. Como aquellos que desembarcaban en New York en busca de oro allá en California. Una vez en New York y con algo de ahorros, escuchaban comentarios de aquellos que marchaban hacia el oeste, y desde allí y en tiempos donde no había canal de panamá, se embarcaban rodeando todo el continente hasta llegar a California. En esos tiempos California era una zona muy tranquila, y allí se encuentran miles de migrantes en busca del metal preciado. Hubo quien rodeaba todo el continente, rodeando Alaska. Cuando llegaban a California comenzaron a fundar colonias bajo el beneplácito de los gobernadores del lugar.

No había nada, estaba todo por hacer a pesar de que la tierra era tremendamente fértil.

Todo se inició por un labrador de una granja cuando haciendo las labores de la finca se dio cuenta de que en un lugar determinado de la extensión de tierra, vio como algo relucía.

Es bueno hacer una comparación entre el trading y los forty-niners para ver cuán potente y fatal pueden llegar a ser ambos mercados en diferentes tiempos.

El oro trajo grandes bancarrotas, como las han traído los mercados. Ahora que cualquiera puede operar desde su portátil desde su casa con 50 míseros euros, es la estandarización de la mediocridad bursátil al servicio de nuevo y como siempre fue, al servicio del grande, de los grandes, y de nuevo vuelven a perder los pequeños, los pobres, en dinero y en mentalidad, aunque sus pérdidas sean míseras, pero pierden.

Había caravanas inmensas de personas por llegar a esas tierras plagadas de oro supuestamente como si fuera la hojarasca de Márquez como sucede con esos cursos gratuitos de brokers en hoteles por toda la península haciendo colas por encontrar la pepita, el trade ganador.

La CNMV haciendo caso omiso ante la avalancha de potenciales y perdedores traders sin atender las oportunas inspecciones y regulaciones.

La fiebre del oro fue tan importante que originó infinidad de proyectos de forma indirecta. Desde el este al oeste por toda la migración que reportó la búsqueda de oro, generó fuertes inversiones para que la gente pudiera desplazarse iniciándose la proyección del ferrocarril de este a oeste y el inicio del canal de panamá.

Hay quien hasta entonces atravesaba panamá por la selva jugándose la vida por llegar a California y comenzar a buscar oro.

Esa construcción libró miles de muertos, tanto el canal de Panamá como el ferrocarril.

El tren inició la unidad del País, la unidad de EE.UU para el transporte de mercancías, petróleo, avivar zonas que estaban alejadas de toda urbe.

El Oeste en ese momento como los Brokers es un lugar sin Dios ni Ley. Un sheriff corruptible, un órgano rector metido todo el día en la cantina y muchos muchachos con revólveres en sus manos.

Todos en ese momento eran mineros, eran mano de obra para fabricar, para picar piedra. Poner puertas al campo se hacía muy difícil. Al igual ccurre en estos momentos. La estandarización del negocio del trading hace muy difícil poner barreras de control tanto de riesgo, de apalancamiento, de control de los brókers florecientes y mil y un problema existente y potencial por ser la realidad más potente que las instituciones podrían regular.

Si por un lado llueve por el otro lado escampa.

La paz y el progreso lamentablemente no van de la mano. Que ustedes recorren kilómetros con su vehículo por carreteras asfaltadas es fruto de expropiaciones estatales a ciudadanos indefensos, si o si es la razón que se le da. Y no puede ser de otra manera si todos queremos conectar lugares por medio de carreteras para que haya facilidad para movilizar personas y mercancías. Para que sus hijos puedan ir a estudiar a la ciudad en un mismo día.

El mercado bien entendido genera esa sapienza. Hay dos maneras de ver el mundo, una es el progreso constante a costa del ser humano y para el ser humano, irremediablemente. Y la otra, hoy obsoleta desde el tiempo que nos ha tocado vivir desde el S.XVI, es la magia de la tierra, cuando nuestros más antiguos ancestros habitaban la tierra, llamada la tierra madre. Desde la observación de las estaciones del año, el paso del tiempo y el espíritu humano, éste moriría cuando vino el caballo de hierro sustituyendo al animal.

Miren, el filósofo y economista escocés Adam Smith, allá por 1776 dijo que los gobiernos deberían dejar comprar y vender a los ciudadanos libremente. Esto se conocería como el libre mercado y sería nombrado más adelante como el padre del capitalismo.

Ustedes podrán estar de acuerdo o no. Y no trato de convencerles de nada. Tampoco expongo mi opinión al respecto, simplemente le explico las cosas como son, mero diagnóstico. Podrán leer su obra "La riqueza de las naciones". Él cargaba de responsabilidad a la clase media. Entendía que estos deben ser responsables de sus actos como de las instituciones por las cuales son representados. Estaba tremendamente interesado por los principios del comportamiento humano, así como la organización de la sociedad. Junto a David Hume profundizaron en este aspecto. Consideraban la naturaleza como una fuente de orden social. Para ellos la ciencia era un sistema de creencia en esa época.

La razón, la ciencia y la estructura son la arquitectura de la verdad. Como la china de Confucio perseguía el orden natural. La idea de Adam Smith entendía que la economía debía ser como el cuerpo humano. La sangre el dinero en el sistema. Que se movía por todo el cuerpo y daba vida al resto de órganos.

Confucio lo entendió así, lo llamó el orden divino y éste debía ser respetado. Smith respetó esta idea como orden natural ya establecido por defecto y que teníamos los medios para mantenerlo.

La fe en el orden natural del libre mercado era absoluto. Afirmaba que el origen de la economía está enraizada en la capacidad humana para comerciar y se basaba en las tribus de América. Él fue el primero en redactarlo y elaborar un estudio pormenorizado al respecto.

La gente negociaba y llegaba a tratos cuando no existía el dinero. Podría ser que tú no quisieras mis gallinas a cambio de mis patatas y eso estableció el dinero con valor de cambio.

La reciprocidad sólo funciona dentro del grupo, de una familia. Cazo y tengo obligaciones de entregar parte de la caza y si ellos pescan lo mismo al revés. Esto no es trueque. El trueque es un cambio en el momento de diferentes productos para compensar.

Adam Smith no pudo comprobar los cimientos del capitalismo. Adam Smith justificó un sistema en el dominio de las ideas. Pero fue un proceso de transformación constante hasta llegar a la idea que hoy entendemos sobre el capitalismo.

El descubrimiento de América fue una revolución en este sentido. Porque el *conocimiento ya se entendía pero no se practicaba. Lo europeos conquistaron el nuevo mundo y también lo conquistaron acumulando conocimientos para generar producciones masivas de plantaciones etc. Pensaron como podía optimizar todos los recursos. Como podrían generar riqueza por esas tierras conquistadas. Generar acumulación en el nuevo mundo para generar riqueza en el viejo mundo.*

Como pasaría en aquellos occidentales que marchaban al viejo oriente.

No todos querían dominar el mundo pero si parte de los europeos. Los conquistadores eran los actuales emprendedores. Aquellos que siempre hacen algo para generar más y más riqueza. Los chinos en cambio sólo querían conocimiento para mejorar su estructura.

Colón atraía dinero para colonizar y generar riqueza a estos que les aportaba dinero para sus expediciones. Al igual que ocurriría hoy con las start-up. Generan nuevas ideas e inversores están dispuestos a aportar riqueza en ellos por confiar en el desarrollo de una idea que generará riqueza en un futuro a corto o medio plazo.

Para el azteca no tenía valor, en cambio para el europeo sí. Para el azteca el valor del oro superaba el valor material. Es decir no tenía precio en un mercado.

Por un lado como así dejaría constancia William Shakespeare en el mercader de Venecia. Había quien financiaba las expediciones a cambio de un 5% o un 7% al año y los había que emprendían a conquistar nuevas tierras.

Crédito – inversión – beneficios y así sucesivamente, como si fuera una rueda que nunca se para.

El la vieja Inglaterra había mucho pequeño campesino. Tenían cuatro vacas y eran productores de leche y carne. Así se mantenía la gran mayoría. Llegó un momento en que la nobleza y la burguesía reivindicó su derecho sobre la tierra y a partir de aquí comenzaron a explotar tierras y pastos en masa.

Haciendo un paralelismo varios siglos después. Tengan en cuenta que ustedes traders independientes, son como el pequeño campesino inglés que de momento malvive con las cuatro vacas que ordeña. Quizá ya estén los grandes reivindicando su espacio en el mercado para apoderarse de sus ahorros y sus operaciones con grandes inversiones, volatilidades inesperadas arrancando sus stops y haciendo lo que ellos pueden hacer y usted no, el trading de alta frecuencia entre otras cosas.

Los mercaderes adinerados miraban como llegaban sus barcos desde lo alto de unas torres. ¿Por qué no iba a ser diferente la alta frecuencia?.

El comercio y el Imperio en Europa dependió de esclavos de África. Quien niegue esto es negar la historia. Cosa que sigue ocurriendo actualmente con medios sustancialmente avanzados pero el fondo sigue siendo el mismo.

Operar en los mercados es el génesis de todo sistema capitalista y exprime la realidad de cualquier afición por el dinero en toda su extensión y magnitud. Miles de familias durante generaciones hicieron grandes fortunas con la esclavitud. ¿De dónde venía el dinero para comerciar con esclavos y comprar barcos?.Del mercado de valores, del dinero depositado en los bancos.

Cuatrocientos años de esclavitud no fue por una forma racial humana. No era racismo sino simplemente ganaban los poderosos sobre los débiles. El racismo vino a raíz de la esclavitud, no al revés. La esclavitud la trajo el libre mercado.

La riqueza de las naciones escrito por Adam Smith lo calificó de ciencia. Ese manuscrito estaba destinado a las altas esferas de la época hasta que una vez muerto, se convirtió en un éxito de ventas y se destinó a un lector más generalista por precio y por volúmenes impresos.

En él, descubrió la teoría moderna del mercado. No lo cuantificó pero descubrió el concepto.

La división del trabajo descrito en su libro se calificó posteriormente como ley científica. La especialización del trabajo fue la esencia de la economía que hoy entendemos. Sin estos precedentes no *entenderíamos el mundo tal cual es y éste hubiera seguido bien el modelo de la época o hubiera desarrollado hacia otros lares. El progreso económico está relacionado con la división del trabajo. Ha sido considerado como una de las leyes universales. Ha sido el motor de riqueza para facturar cualquier producto conocido. Desde un mísero lápiz hasta un móvil.*

Fue y es el pilar fundamental de la economía de libre mercado.

Ya que mencionamos el Capitalismo, mencionar el Comunismo es necesario. Según *Pedro Fraile Balbín, Catedrático de Historia del Pensamiento Económico* "El introductor del marxismo en Rusia, Gueorgui Plejánov, inició a Lenin en la ortodoxia marxista y en el rechazo a cualquier crítica económica contra Marx. Éste despreciaba las críticas de muchos socialistas -como Eduard Bernstein- que habían leído a los neoclásicos, y que habían descubierto la debilidad teórica del principio valor-trabajo, piedra angular de todo el modelo marxiano.

La preocupación con los aspectos económicos del modelo eran de segundo orden, porque lo prioritario eran los conceptos políticos que servirían para el adoctrinamiento revolucionario de las masas que destruirían el estado burgués. La economía se arreglaría después, una vez que triunfase el comunismo. La preocupación inmediata con lo económico no podía ser sino una distracción que la burguesía sabría aprovechar para demorar el cambio, y esta convicción le llevó a instaurar, desde la toma del poder, un catastrófico sistema de intervenciones y controles de consecuencias devastadoras. El llamado posteriormente comunismo de guerra -la guerra empezó casi un año después- fue, en realidad, una estrategia largamente planeada para combatir y erradicar cualquier tipo de propiedad privada y no tenía, como intentó justificarse más tarde, un carácter provisional frente a las necesidades bélicas, sino la intención de ser la estrategia básica del nuevo régimen. Suele olvidarse que entre las Tesis de abril estaba no sólo el famoso "Todo el poder para los sóviets", sino la colectivización agraria, la concentración financiera en un banco nacional soviético y el control de los bolcheviques sobre la producción y distribución.

La estrategia planificadora totalitaria de Lenin estaba basada en la idea del capitalismo organizado que había aprendido del teórico marxista vienés Rudolf Hilferding (1877-1941), autor de éxito cuyo *Das Finanzkapital* (1910), y era un intento de traducir los supuestos marxistas al mundo real. Las expropiaciones empezaron después del golpe de octubre -la guerra estaba aún lejana- con los inmuebles y activos financieros, y se fueron extendiendo después a todos los sectores. Siguiendo a Hilferding, Lenin pensaba que el control financiero garantizaba el control de toda la industria; sin embargo, no logró ninguno de los dos propósitos.

La inflación subió 10.000% entre 1913 y 1920 y se redujo la producción industrial a una quinta parte de su volumen original. Sin embargo, el aspecto más dramático de la estrategia económica leninista fue su intento de controlar la distribución a través de un monopsonio estatal (monopolio de compra) de productos de consumo y alimentos. Las requisas masivas y las compras forzadas a precios ruinosos provocaron la oposición del campesinado y una auténtica guerra contra el campo (desde el verano de 1918 a la primavera de 1921), que dio lugar a una ola de terror contra los kulaks sin precedentes.

Finalmente, la hambruna en las ciudades y el peligro inminente de colapso de la revolución hicieron que Lenin tirase la toalla sin lograr la colectivización de toda la economía, aunque Lenin dejó todo preparado para que la tarea la acabase Stalin una década más tarde. Su fracaso forzó un periodo menos represivo, la Nueva Economía Política (NEP), durante la cual se volvió a una cierta permisividad con la propiedad -aunque todo bajo control bolchevique- que dio lugar a un aumento de la superficie cultivada, la producción agraria y los índices industriales. La hambruna se alivió. Pero sólo temporalmente, porque la NEP no fue sino una tregua para que se formasen nuevos cuadros capaces de reanudar el asalto colectivista bajo Stalin. Pero para entonces, Lenin ya había entrado en la Historia como el gran pensador económico de inclinación humanista que aún hoy algunos nos quieren poner de ejemplo."

En contrapartida a esta opinión, retomando el capitalismo. Decir que el liberalismo, concepto asociado al capitalismo implica la palabra "Libertad" a la cual queremos estar todos vinculados.

En un primer momento, el mercado exigía una serie de transacciones para la cual nadie quería estar fuera del mercado con todo lo que ello conllevaba.

E hilando con el concepto de Adam Smith acerca de la especialización del trabajo, éste fue el mecanismo que engranaría lo que hoy conocemos. Seguramente en estos momentos usted tenga a mano un lápiz. ¿Ha pensado que se necesita para que usted lo haya comprado?. Hacen falta árboles en un principio. Personas dispuestas a talarlos. ¿Han pensado como deben talarlos?. Necesitan moto sierras. ¿Saben donde las compran?. ¿Y quién las vende?. ¿Y qué hace falta para fabricar una moto sierra?. Hace falta plástico, metal de la sierra, componentes electrónicos, ingeniería, gasolina para su motor, etc. No se olviden de su lápiz. Hará falta manipular todos esos troncos talados para hacer lápices, ¿y las minas?. ¿De dónde se extrae ese material? .Y así sucesivamente. ¿Ven que todo está conectado?. Que todos dependemos de todos. Y qué pocos quieran estar fuera de ese mercado.

Cuando existe ese liberalismo a modo de competencia perfecta no habrá problema porque el precio de las diferentes transacciones se hará en el justo punto de equilibrio. El problema recae cuando existe tal descompensación, el capitalismo libre se vuelvo esclavista. Por ejemplo, Un productor de leche no puede negociar su precio frente a una gran superficie. Éste exige un precio muy reducido por el volumen de sus ventas y el productor no puede negociar. Digamos que es la lógica económica de la riqueza de las naciones contra el coste humano que eso genera para conseguirla. Ahí es donde recaen las asimetrías y las descompensaciones. El mismo Adam Smith, paradójicamente apuntaba que la división del trabajo era algo monstruoso.

Esta especialización contribuyó negativamente entre otras cosas a no dar la posibilidad al empleado de aportar sus capacidades ya que sólo debía realizar la tarea precisa por la cual se le había contratado. Convierte a la gente en las criaturas más estúpidas e ignorantes que una persona pueda llegar a ser. La persona se convierte simplemente en una máquina. La máquina controla al trabajador en lugar de suceder a la inversa como ocurría en la producción artesanal. Este es el gran cambio que se produce cuando surge la revolución industrial.

Adam Smith ya apuntó este dilema moral que se encuentra en el centro de la división del trabajo.

El interés propio es la esencia del libre mercado y de ahí todas sus consecuencia.

Nadie discutirá que la riqueza del mundo es estanca, como si fuera un pastel. No puede aumentarse. Y a partir de aquí cualquier ganancia estará en contraposición con otra, es decir, con la pérdida de otro individuo. Se podrá cortar el pastel de muchas maneras diferentes, pero siempre el beneficio de uno será a costa de la pérdida de otro. La economía es un juego de suma cero. Adam Smith discutía esta certeza. Decía que el progreso era la acción de todos por mejorar sus circunstancias. El problema de esta idea es que no es económica sino moral.

¿Pero hay alguna economía que no se base en su propia avaricia?. Por tanto, Adam Smith describió muy bien desde el punto de vista económico su teoría de la riqueza de las naciones. También, no se olviden, el propio Adam Smith escribió su teoría de los sentimientos morales. ¿Adivinan cuál de las teorías es la que pagaba sus facturas?.

Pero no seamos tan estrictos y rigurosos con nosotros mismos los seres humanos. También tenemos ciertas cualidades en las que no se basa la avaricia ni el egoísmo. Einstein no descubrió su teoría de la relatividad pensando en el dinero como un acto egoísta en sí.

Es muy importante que ustedes sean ese tipo de trader que necesita ser para ser humano, trader y responsable consigo mismo alejado de falsas premisas que ahogaran su dinero por ser demasiado codicioso y egoísta. Ese es el mal mayor por el cual el 95% de los traders pierden su dinero. Piensan que son más inteligentes que el propio mercado con el que pelean a diario. Creen que van a ganar más dinero que cualquiera de sus vecinos los cuales cobran un salario medio.

Este es uno de los puntos esenciales para entender la economía, sus bases y fundamentos por las cuales ustedes son generadores y rehenes a la vez. Ha de encontrar ese punto de equilibrio por el cual será óptimo para usted y todo lo que le rodea. Cuando predomina lo económico sobre lo moral, el trading le pasará factura.

Antes, cuando éramos monos, nuestro egoísmo pasaba por encontrar un plátano. De ahí a un ciervo, un pescado, conquistar territorio, amasar tesoros y ahora tener dinero. Todos tienen algo en común, el interés propio sobre el conjunto.

La doctrina del interés propio fue como la ley de la gravedad. Si todos fueran libres de perseguir el interés propio se conseguiría un equilibrio. Ese era el pretexto pero no se tuvo en cuenta cómo se comportan en realidad los humanos para conseguir tales pretensiones.

La sociología y la filosofía ocupan este aspecto y lo definen como comportamientos irracionales. Y dentro de esta irracionalidad se concentra el comportamiento humano.

Ayn Rand tuvo mucho que ver en el desarrollo del interés propio durante el S.XX. Esta filosofía impregnó la sociedad norteamericana sobre todo barajando una máxima: el ser humano tiene derecho a ser feliz y para ello debe utilizar todo lo que está en sus manos para lograr tal fin. Esto era definido como éxito. Se denominó la moralidad del capitalismo. La moralidad del individualismo. Esos enfoques han sido especialmente destructivos, en especial en las últimas y primeras del S.XX y S.XXI respectivamente. Se ha llegado a glorificar el interés propio. Hemos llegado a pensar que todas las demás emociones o todos los demás valores son secundarios, que son para gente estúpida o inferior. Esto ha creado un sistema en el que se espera que la gente pase por alto el aspecto social. Se le anima a buscar su propio interés y actualmente estamos sufriendo las consecuencias.

El interés propio es como un mecanismo mágico que es el fundamento de desarrollo mundial.

La famosa mano invisible es la que reina en los mercados financieros donde todos son libres de comprar y vender reportando un nivel de precio sobre el bien demandado y ofertado entendiendo éste como óptimo. Ese concepto se ha entendido como fundamento de la economía de mercado.

Si hubiera libertad de movimiento de capitales habría problemas generando asimetrías entre los ricos y pobres por orografía, clima, lejanía, cercanía, costas, montañas, etc.

Alan Greenspan, el que fuera presidente de la reserva federal era un activo defensor de la desregulación de los mercados. Greenspan fue un ferviente seguidor de Ayn Rand. Era un ferviente seguidor de la supremacía de la racionalidad.

En las últimas décadas ha surgido un enorme sistema de gestión de riesgos y de precios que combina los mejores conocimientos matemáticos y financieros. Así de esta misma manera se creó la arquitectura intelectual del libre mercado por el cual se someten a diario los mercados financieros y bursátiles.

Si todo fuera tan racional según la filosofía de Ayn Rand y defendida por Greenspan no hubieran ocurrido de nuevo las burbujas desplomándose una y otra vez a lo largo de los siglos.

Cada día, según en qué mercado operes como trader, verás como acontecen subidas y bajadas que van más allá de cualquier lógica racional económica o cualquier sistema de gestión de riesgos. Simplemente se debe a la emocionalidad del ser humano y lo que el dinero además genera en nuestras mentes como valioso papel como medida de gestión de cambio.

Ese aspecto es la razón fundamental por la cual el 95% de los operadores bursátiles fracasan en su intento por ser exitosos en los mercados. Sólo unos pocos podrán aplicar férreamente su metodología de trabajo para no morir por sus propias emociones.

La intervención en los mercados para ser equitativos es otra de las medidas que predican algunos.

La pregunta es .¿Qué es el libre mercado?. Una vez sepamos definir con exactitud esta cuestión podremos acometerlo y tomar medidas al respecto.

Es una cuestión difícil de acometer y definir.

El mercado está condicionado per sé independientemente de la etapa histórica en la que nos encontremos. No siempre ha sido libre la contratación. Es decir, todos los mercados están regulados por normas que condicionan esa libertad que se predica.

¿La esclavitud era libre mercado?.Se entendía como norma. Hoy sería inaceptable. También era libre mercado la contratación de niños.

Dicho esto hay que decir que tanto en la teoría como en la práctica. El mercado financiero está abierto a todos hoy día. Y que de él dependerá sacar beneficios o no. Ser rentable o no. En lo que a la economía real se refiere no ocurre lo mismo. Es una mera cuestión de demasiada regulación. Usted puede operar ahora sin ninguna traba más que la de su capacidad y de ella dependerán sus resultados. En el comercio tradicional, antes de explotar sus capacidades deberá pasar por una regulación local, estatal e incluso legal. Pagar tasas para poder emprender y someter su idea a la idea impuesta por un alcalde o presidente. Incluso a una cultura y un horario.

En el mercado financiero es el mercado libre por excelencia. Usted sea chino o americano opera bajo la misma tutela y jurisdicción. De usted y de sus habilidades dependerán sus resultados. Todos vengan de donde vengan juegan bajo las mismas condiciones, patrones y regulación. Nadie habla de igualdad de oportunidades en los mercados financieros.

Un 20% de 1.000€ es el mismo 20% de 20.000.000€. La capacidad de generar ese 20% es la capacidad de poder hacerlo libremente lo que te permite el mercado.

En cambio en la economía tradicional. Usted no podrá emprender en según qué sectores por una cuestión de barreras de entrada.

Esto comenzó a ocurrir de forma estandarizada en el S.XIX. Y esto desencadenó lo que hoy es y sigue siendo la economía financiera, el mercado de capitales o como ustedes quieran denominarlo.

Dow Jones and company en 1882 entraron en escena. Un boletín daba información y credibilidad para abastecer de sustanciosa información a los inversores de Wall Street.

Cada día hoy trillones de millones de dólares se especulan. El ascenso o caída de las acciones suponen millones de dólares en función si el valor asciende o desciende.

Digamos que lo que diga el valor de una acción, una divisa, una materia prima, etc, es el evangelio en sí mismo. Por defecto, se le da credibilidad a ese valor y marca un referente de precio por el cual se articula un mercado y una economía como valor de cambio.

Ante todo esto, nada llega al cielo, y decir que cuanto más alto sea el árbol más grande será su caída. A partir de aquí, la especulación sobre cualquier tipo de valor se realiza a diario. Hoy además agudizada por el desarrollo tecnológico.

Charles Dow nació en una granja familiar. También trabajó allí para poder mantener a la familia ya que su padre falleció. En esa época, fue donde conoció a David Jones.

New york y wall street se había convertido en el núcleo financiero mundial.

En ese momento los especuladores atraían a adinerados inversores para que las acciones subieran, una vez ocurrido esto se retiraban. Esta forma de proceder generó incertidumbre, hasta que llegado un momento se obligó a las empresas a publicar sus cuentas para poder así valorar la salud financiera de cada una de ellas. Fue aquí principalmente cuando Dow se preocupó de que esa información fuera real y creíble. Así nació lo que se denominaría Dow Jones Company. Así fueron los inicios, concretamente con una oficina y una máquina de escribir. En 1882 generaba una especie de circular informativa de dos páginas a sus clientes sobre lo que acontecía en Wall Street. Más tarde, introdujeron una selección de once acciones para hacer un seguimiento de éstas. Concretamente correspondían a nueve líneas ferroviarias y a dos compañías de buques de vapor. Charles Dow fue el pionero en el análisis de acciones y su seguimiento. Estos informes eran costosos. Y no eran para cualquier bolsillo.

En los felices años 20, el índice Dow Jones se componía de 30 valores, los cuales les encantaba a los ricos, con el que jugaban y ganaban con su margen. Todas estas inversiones se hacían a través de los llamados corredores. Casi todos por no llamar todos jugaban a la bolsa. Esa sensación de hacer dinero rápido y fácil volvía jubilosa a la gente. Fue Joseph Kennedy, el padre del malogrado presidente, quien un día mientras un limpiabotas hacía su trabajo, éste le comentaba cuanto había invertido en bolsa y cuanto podía llegar a ganar. En ese momento entendió que ya no era momento de estar en el mercado. O bien estabas fuera o bien a la contra. El se retiró antes del crack de 1929, el famoso jueves negro. El Dow Jones perdió el 24% de su valor tan sólo en un día. Gente acaudalada de la noche a la mañana había perdido gran parte de su fortuna por no decir la totalidad.

Esto ocurre y seguirá ocurriendo porque no se tiene una idea, aunque sea escasa pero clara, de lo que significa la bolsa y para qué sirve.

Imagínese que usted es propietario de una ferretería que ha iniciado con su propio ahorro. Con el paso del tiempo, el negocio le va muy bien, y decide abrir otra en su mismo municipio. Transcurrido un tiempo, el segundo negocio de ferretería le va igual de bien que el primero. Un día decide que podría expandir su negocio a la capital y para ello se asocia con un primo que tiene unos ahorros que los deposita a cambio de una rentabilidad de la sociedad para abrir un negocio más en la capital. Pero su ambición no queda ahí, usted quiere seguir expandiendo su idea de negocio tan productiva por toda la ciudad pero para ello necesita más capital, el cual no dispone ni usted ni su primo, y para ello lo que realiza es generar de su sociedad 1.000 participaciones de 100€ cada una para que quien lo desee pueda comprar las participaciones de su sociedad y ser una parte propietaria de ese negocio que tan bien funciona. Cada una de esas participaciones es lo que actualmente conocemos como acciones. Esto supuso que la propiedad de la sociedad pasó de ser sólo de usted y de su primo a también de todos aquellos que compraron esas 1.000 participaciones o acciones. Fue tal el éxito, que hubo gente que quiso comprar alguna de esas participaciones u acciones pero no pudo porque ya se habían vendido todas. Por tanto la única manera era la de comprar a otra persona la participación/acción que poseía. Por tanto, uno de los que poseía esta participación/acción le vendió a un potencial comprador su participación por 120€, es decir, un precio más elevado por la que lo había comprado. Esta operación que se realizó fue cada vez más común con el paso del tiempo. Llegando al punto de que los sábados por la mañana se citaban en la plaza mayor de la capital aquellos que querían vender participaciones de la ferretería y aquellos que estaban dispuestos a comprarlas. Tuvo tal éxito que el precio de las participaciones/acciones comenzó a incrementarse paulatinamente ya que había más gente que quería comprar participaciones/acciones de la que quería vender. Cada sábado los vendedores pedían 10€ más por su participación. Llegó un momento en el que los vendedores pedían 200€ por cada participación/acción pero no había ningún comprador dispuesto a pagar esa cifra. A partir de aquí aquel que quisiera vender su participación/acción tendría que hacerlo por menos de 200€ y así sucesivamente aquellos que quisieran vender. Esas alzas y bajas es lo que va definiendo el precio de un activo que cotiza en bolsa y que define cuánto valen las cosas en función de lo que están dispuestos a comprar y vender los poseedores de los activos.

De esta manera se inicia un protocolo de actuación cuando se quiere invertir o especular en bolsa. Por un lado está la empresa que emite las acciones y por otro los inversores institucionales sean fondos de inversión, bancos, etc. También los particulares como usted y como yo. No se olviden de la parte que intermedia este tipo de operaciones, los llamados corredores de bolsa. También exista la figura que regula las operaciones para que todo se desarrolle según lo establecido en la ley.

A toda esta estructura clásica habría que introducir un antes y un después por la aparición del fenómeno internet y que ha supuesto toda una revolución generando nuevas formas de operar.

Al ver la imagen de una persona que se dedica a los mercados financieros, delante de muchos gráficos y monitores, automáticamente se atribuye a la figura de bróker, pero esto no es así. Cuál es la figura de cada uno, es habitual confundir la figura de un bróker con la de trader. ¿Qué es un broker y que es un trader?

El trader, (su traducción literal en inglés es comerciante), se define como la persona encargada de realizar cualquier operación de compra y venta de activos en los mercados financieros, su labor es la de servir de agente para que las negociaciones lleguen a buen puerto.

El trabajo de esta persona es comprar y vender, esperando obtener rentabilidad a través de estas operaciones, puede ser profesional o un particular, es decir nosotros mismos que como inversores analizamos el mercado y tomamos decisiones de compra y venta.

El trader es un agente que realiza

actividades de compra y venta en el mercado financiero a través de un bróker, este puede ser un banco o una entidad financiera.

El trader decide la compra de determinado activo, para ello debe pasar por un intermediario a encargar la acción, es decir el bróker, quien las recibe y las entrega al trader.

Son cuatro los tipos de trader, son llamados así porque usan una estrategia en los mercados según la experiencia adquirida durante el tiempo.

Scalper: Compran y venden a corto plazo acciones o divisas.

Day Trader: Realiza un análisis de los

mercados todos los días.

Swing Trader: Compra activos y espera un determinado plazo para realizar actividades en los mercados financieros, a este agente en particular lo mueven las emociones, cree que esperando un plazo o siendo paciente pueden llegar a adquirir buena rentabilidad en lo que han comprado o lo que están vendiendo.

Position Trader: Realiza inversiones a largo plazo, puede comprar el uno de enero y vender a fin de año, se enfoca en los activos que durante ese tiempo puedan adquirir rentabilidad. El bróker es una empresa o entidad financiera que realiza operaciones para sus clientes, ofrece una intermediación ejecutando órdenes de compra y venta, de este modo gana comisiones, también se lo suele llamar corredor de bolsa, de divisas, financiero, son los únicos que tienen licencia para operar dentro de los mercados.

Para participar en cualquier mercado financiero debemos hacerlo por medio de un bróker.

Para realizar la compra en la bolsa de valores, el trader determina cuáles son las acciones que quiere comprar o vender, este agente lo que hace es decirle a su bróker que compre dichas acciones. Cuando el bróker acepta, comprar las acciones en la bolsa de valores, y viceversa cuando el procedimiento es de venta de acciones, es una cadena que va en ida y vuelta de forma constante.

Hoy ya existen como todos saben los Brokers electrónicos: Un alto número de brokers se manejan de forma electrónica, a diferencia de unos años atrás en que las órdenes a los mercados financieros se lanzaban a través de un banco o sociedad de valores.

Los brokers electrónicos operan exclusivamente a través de Internet con una comisión menor a la de la banca tradicional. La gran ventaja es que cualquier persona con una conexión a internet puede invertir en cualquier mercado con condiciones muy competitivas.

Seguramente últimamente alguno de vosotros, aquellos que hayáis abierto una cuenta demo en algún bróker que os hayan comentado o hayáis visto en internet buscando información al respecto. Seguro que os habrán llamado para varias cosas, primero para que operéis con ellos abriendo una cuenta real. Ellos ganarán tanto por el spread que aplican por cada operación que realicéis, también gana por el swap de todas esas operaciones que se quedan abiertas de un día para otro, y también ganan por la comisión por el hecho de abrir una operación. Hasta ahí sería a bote pronto la primera forma de hacer negocio con el potencial trader. Una segunda es lo que comúnmente se conoce como IB (Introducer Broker) que no es más que, podréis ganar una comisión si traéis operadores a este bróker del que sois IB. Realmente es ser comercial del bróker en cuestión. Vosotros traéis operadores a cambio de una comisión y el bróker tiene más capital de potenciales traders. Tiene una red de ventas de forma gratuita con un win-win. Gana si ganas. La comisión ya varía en función de la política del bróker, pero básicamente suelen ser dos. Una cantidad fija por cada 10.000€ de desembolso o la más común es que vosotros ganareis una parte del spread por cada operación que realiza vuestro "cliente". Suele ser algo así como un porcentaje sobre el lotaje que genera el operador vinculado a vuestra cartera.

Si la cosa va siendo más profesional. Seguramente habréis recibido algún mail de algún bróker desconocido o semi-desconocido con domicilio social en Bulgaria, Chipre o las islas Cayman entre otras. Es una mera formalidad fiscal, ustedes ya me entienden.

El mail en cuestión se titula algo así como Prop trading (propietary traders).Ojo con esto. Compartiréis beneficios pero no las perdidas. Es decir, vosotros asumiréis las posibles pérdidas.

Estas empresas te van a proporcionar el software para operar con acceso directo a todos los mercados mundiales. También el capital para operar. Nunca estará permitido mantener una operación abierta al final de la jornada.

Trabajarás desde casa, y no tienen ningún tipo de relación laboral con vosotros, o con ninguna de las demás empresas vinculadas. No hay salario fijo, seguridad social ni contratos. Tampoco hay horario fijo ni obligatorio (el horario de los mercados americanos es de 15:30-22:00 hora española); ni lugar de trabajo (desde cualquier lugar que tenga una conexión de internet relativamente potente), así que se puede combinar con otro trabajo. De todos los beneficios que obtenga, recibirá el 70% (la mayor retribución para los daytraders en el mercado).

Además, te ofrecen el soporte técnico y administrativo, para cualquier duda o problema que pueda surgir. En un futuro próximo, y dependiendo del interés de los traders, organizan charlas y cursillos con traders expertos (traders americanos y canadienses, básicamente). Todo esto no tiene ningún coste para ti, excepto las posibles pérdidas en las que puedas incurrir en tus operaciones (hay un gasto administrativo mensual que se paga a NASDAQ y NYSE para poder operar en ellas, es inevitable y no depende de ellos. Se deduce del bruto de las ganancias, es decir, si un trader gana 4.000$ en un mes, cobraría el 70% de los 3.820$). El software lleva incorporado un sistema que cierra todas sus posiciones abiertas en el caso de que se llegue al límite de pérdida diario. Es necesario hacer un depósito inicial de seguridad para cubrir las posibles pérdidas. La cantidad que uno desea depositar es aleatoria, pero el límite de pérdida diario que tendrán es equivalente al 25% del depósito. Así que, si uno deposita 1.000 dólares, tendrá un límite de pérdida diario de 250$. Este depósito es recuperable desde el momento que el trader obtiene ganancias suficientes para garantizar las posibles pérdidas, o cuando uno quiera dejar de trabajar con la empresa en cuestión. En ese caso, se devolvería el depósito restándose las pérdidas.

Otras de las maneras profesionales que existen para los traders independientes es la siguiente: Podrán conseguir trabajar para una sociedad de trading pero les exigirá que haga una sería de lotes diarios. Le pondrán un capital de 100.000€ y les exigirán que haga un total de 20 lotes diarios. La cuestión es la siguiente, de ahí, de ese lotaje que obtienen los spread que le cobran al cliente, sacarán el beneficio para esa compañía y su salario. Tenga en cuenta una cuestión, si usted hace 20 lotes diarios para un capital de 100.000€, está generando en spread unas comisiones alrededor de 300€ al día. Por tanto, es de ahí de donde obtendrán los beneficios tanto la compañía que le contrata que por cierto tendrá un contrato mercantil y una clausulas bastantes estrictas en cuanto a la posible malversación de la gestión del riesgo.

Lo que importa para estas compañías es generar lotaje diariamente y eso implica asumir riesgos porque no se busca la rentabilidad final del capital al final del mes o año.

Esta forma de operar es la llamada institucional y es contraria a la forma de operar que tiene un trader independiente. El trader independiente gestiona capital con el fin de generar rendimiento a lo depositado gestionando riesgos etc. Si para ello su estrategia genera poco lotaje y pocas operaciones es incompatible con la forma de operar institucional ya que este tipo de compañías su fin es generar operaciones para generar lotaje. Si eso también genera rentabilidad fantástico, pero el objetivo final es generar lotaje y esa forma de operar rompe todos los patrones de riesgo-beneficio.

En España, en el año 2016, el 85% de los Fondos de Inversión no alcanzó rentabilidad positiva para el cliente.

A raíz de todo este conglomerado, empezó a surgir el trading de alta frecuencia. Digamos que es la robótica aplicada a los mercados financieros.

En 2008 los agentes de bolsa vendieron productos tóxicos y todo se vino abajo. A partir de aquí se confió en el desarrollo robótico aplicado a los mercados financieros. Ha generado que la gran mayoría de las transacciones en los mercados ya las realizan los robots. El motivo que justifica todo esto es que los robots fallan menos que las personas. Estos no están sujetos a las emociones y a las malas costumbres. Todo esto junto al desarrollo tecnológico ha desarrollado enormes servidores que gestionan como hacer trading en el mercado.

Esto está siendo una revolución. Las máquinas están ganando a los humanos. Y los mercados no iban a ser menos, tratándose de dinero claro está. Los robots especulan por nanosegundos y a veces generan males importantes. El humano ordena que órdenes tiene que realizar el robot y éste ejecuta sin más dado el precio y volumen que le han parametrizado previamente. Ahora esto está siendo una carrera por ver quién es el primero que llega a ejecutar la orden. Grandes servidores compiten por ser los primeros en generar las órdenes de compra y venta antes que el competidor directo.

Las operaciones de alta frecuencia es el rol actual. Y ya no sólo se buscan economistas o gente conocedora de los mercados sino a matemáticos, físicos e ingenieros informáticos. Estos son contratados para desarrollar algoritmos para generan miles de órdenes en nanosegundos.

El 6 de Mayo de 2010 se perdió el control sobre las máquinas. Un error generó un desplome en Wall Street. La bolsa se hundió sin saber cuál era el motivo. El Dow Jones cayó un 10%. El miedo se instaló en los mercados y todas las sociedades empezaron a temblar. Se pensaba que era un virus informático, también que era un problema europeo por las medidas de austeridad aplicadas por el parlamento europeo dada la gran crisis. Pero no era así, fue un agente robotizado de un fondo de pensiones norteamericano. Este quiso vender muchos contratos a toda velocidad. El 66% de las transacciones en los mercados las generan los robots. Y esto pueden generar errores, el problema es el volumen que manejan por micro operación y generan gran incertidumbre, como si fuera una caída súbita. A veces la mejor manera de parar estas cosas es suspender aunque sea por minutos las cotizaciones en bolsa

Ser trader

para que las cosas no sigan cayendo a plomo. Procter&Gamble perdió la mitad del valor de las acciones que cotizaban en bolsa.

Nadie fue culpable de nada de lo acontecido. La SEC amparaba esta actuación como algo normal. La conclusión de todo esto es que obviamente los lobbies existen en todo esto y no serán los reguladores quienes atajen esta forma de operar en los mercados.

El mercado sigue siendo de los ricos. Todo evoluciona con los tiempos, obviamente los medios van siendo diferentes pero la esencia sigue siendo la misma.

Hoy, operar en bolsa es cuestión de grandes servidores alojados en grandes naves industriales en las periferias de las grandes ciudades. Estas están protegidas como si fueran el pentágono. Y aquellos que quieren tener un servidor allí, dependerá de muchos factores. Primero, cuantos quieres por el volumen que vas a gestionar, también influye el cable, el tipo de fibra, también influye la ubicación en la nave, etc. Cuánto mayores son las condiciones, mayores ventajas competitivas tendrás frente a tus competidores de prensa.

Las caídas súbitas como la que aconteció en 2010 pueden darse evidentemente, aunque los reguladores lo nieguen. Tus ahorros se pueden esfumar en cualquier momento, claro que sí. El 75% del dinero mundial está en los mercados financieros, y resulta que de este dinero, el 66% lo gestionan algoritmos robotizados. Hay muchas pequeñas caídas súbitas. Quién sabe si puede venir una grande. O generar burbujas donde no las hay, inesperadas. El mercado tal cual está gestionado hoy, podría pasar de 0 a 100 en un nanosegundo.

¿Saben qué ocurre?. Que nadie se atreve a decir que hacen trading de alta frecuencia. Nadie de los grandes claro está.

Un algoritmo son instrucciones. Un lenguaje de programación. Un arma letal de los financieros. También se roban algoritmos. Los buenos claro está. Se ha dado el caso de que algunos de los empleados de grandes fondos han robado algoritmos de la sociedad.

Con ellos se pueden hacer muchas cosas. Venderlos a la competencia por ejemplo. Trabajar negociando su salario al alza por ejemplo. Hoy los empleados de los grandes fondos de inversión ya no son traders. Ocupan más espacio las salas de servidores que la propia para empleados. En esas salas, llámenla cajas negras, están los algoritmos que desarrollan las sociedades. No se puede saber cuántos algoritmos o estrategias manejan las sociedades. En este sentido existe mucho silencio. Incluso niegan el uso de algoritmos para operar en los mercados financieros.

Mil órdenes por segundo. Imposible para el ojo humano. Mucho menos para cualquier trader manual.

En este sentido, existe una policía bursátil que investiga las negligencias en este aspecto. Es difícil localizar, seguir y sancionar. Se requiere de una gran infraestructura.

La consigna mental que ha de tener un trader independiente de éxito debe ser una rigurosa disciplina. Si este factor no está en tu ADN date por perdido. Intenta entrenar que así sea y llévalo a la práctica con una férrea motorización de tu estrategia con una microcuenta de

100$. No practiquéis nunca con dinero virtual o cuentas demo. Unicamente sirven para familiarizaros con la plataforma, para nada más. El hecho de que practiquéis en una cuenta demo hará de vosotros traders perdedores cuando lleguéis a una real. El motivo es sencillo. El hecho de que el dinero no sea real hace que vuestro progreso sea irreal. Pensaréis que ya estáis preparados después de haber duplicado vuestra cuenta demo en un par de meses y de aquí abriréis una cuenta real con vuestros ahorros de 10.000$ para en un par de semanas haberlo perdido todo o casi todo y también haber perdido el sueño y las ganas de volver a tocar o escuchar nada que tenga relación con los mercados financieros. Oídme bien. Odiaréis la palabra trader hasta vuestros últimos días. También tendréis que explicarles a familiares y amigos que tal fue eso del trading que tan bien te iba en demo y tanto dinero decías que ibas a ganar.

Por tanto, la lógica racional apunta a que abráis una cuenta real por pequeña que sea y comencéis a operar con un apalancamiento apropiado al capital del que disponéis.

Este libro no es una disposición técnica de cómo operar en el mercado sino una disposición mental para saber cómo enfocar el mercado. Con esto me refiero que no me centraré en los aspectos técnicos de una manera minuciosa. Para eso ya publiqué libros al respecto, pero me di cuenta de que explicar una estrategia por bien que le funcione a uno no es suficiente si quien quiere hacer uso de ella no está preparado mentalmente para entender la lógica del mercado. Eso es precisamente lo que trato de plasmar en esta obra. Pieza fundamental a mi parecer para ser un trader independiente ganador.

Por lo que a mi respecto, existen técnicamente seis pilares técnicos que un trader independiente debe dominar al dedillo, como si fuera un reloj suizo, y estas técnicas deben ejecutarse cuando el desarrollo de la estrategia determine el momento.

El primer punto es el análisis técnico. Bajo este aspecto destaco varios subpuntos:

Soportes y resistencias. Saber localizar los niveles de precios es vital.

Pautas planas. Debemos localizarlas y entender su fuerza.

Líneas de tendencia. Conocer si el mercado sube o baja en función de la franja temporal en la que operemos es más que importante.

Pautas de agotamiento. El mercado no siempre sube eternamente ni baja eternamente. Saber anticiparnos al agotamiento de la tendencia es una herramienta más que debemos saber manejar.

Formación de las velas. Es el lenguaje que tiene el mercado de contarnos lo que está sucediendo. La manera que tiene de expresarlo es mediante las velas que van conformando los gráficos.

Indicadores. Personalmente no soy amigo de los estocásticos pero entiendo que pueden complementar una información a la hora de tomar una decisión frente al mercado.

Otro de los aspectos importantes es el análisis fundamental. En este sentido debemos estar al día y a la hora de las noticias que acontezcan respecto del mercado en el que nos hemos especializado. Todo lo que suponen datos macroeconómicos, intervenciones y ruedas de prensa, informes técnicos, etc. Uno de los motivos que genera volatilidad al mercado viene precedido por los aspectos relevantes que concierne al mercado en cuestión.

La gestión del capital o money management no es menos importante. Es otro pilar más que debemos manejar para ir construyendo nuestra sabiduría bursátil.

Todo lo que tiene que ver con el apalancamiento, el posicionamiento de stop loss, take profit y la adecuada relación 3 a 1 es de especial importancia en cuanto a la gestión del riesgo de nuestras operaciones y nuestro capital.

Debemos tener un diario de trading. En él, al principio debemos ir anotando todo lo que ocurre con nuestras operaciones. El objetivo de todo ello no es más que la de tener constancia día a día de todo lo que hacemos. Ese diario nos dará las claves de cómo podemos mejorar nuestra operativa ya que recogerá cuales con nuestros errores más comunes. Tenerlo recopilado hará darnos cuenta de nuestra flaquezas como traders para poder reforzarlas.

El interés compuesto es bueno para conocer el potencial que tenemos con la reinversión de nuestras ganancias en nuestro capital para seguir operando de forma continuada. El interés compuesto es la magia que se produce cuando nada de lo que ganamos lo extraemos de la cuenta. De esa manera podemos generar un gran capital para poder generar grandes ingresos. Es crucial tener la suficiente paciencia en los primeros años y no extraer capital generado del capital de la cuenta.

He hablado del aspecto emocional que genera el trading. No hay forma humana de evitar que las emociones aparezcan cuando operamos con dinero y más si este es nuestro capital. Existen formas sencillas de matizarlo. Intentar no hacer más de 3 operaciones al día, sean estas buenas o malas.

Un detalle importante es no simultanear operaciones. Hacerlo genera duplicar o triplicar riesgos innecesarios. Siempre una operación detrás de la otra. Jamás a la vez. Y siempre sigan la estrategia que se hayan marcado. Respeten los tiempos, las pausas, tengan paciencia, sean disciplinados, constantes y de esa manera obtendrán el éxitos.

El trading es potencialmente accesible a cualquier individuo pero realmente pocos están preparados para ello.

En la vida real nunca ganamos o perdemos en minutos. Y si ocurre alguna vez siempre es causa de un tercero o unas condiciones externas que podemos justificar. En el mercado quien gana o pierde eres tú, y esto ocurre en minutos. El mercado no es culpable porque este sólo sube o baja y el hecho de que no sepas anticiparlo y pierdas es fruto de tu incapacidad. Sufrirlo será nuestra primera lección, saber digerirlo es el paso de comenzar a trabajar y mejorar facetas internas tuyas que aún desconocías. Eso te hará ser mejor persona.

El trading no sólo es un juego de ricos, que sin duda lo es, sino que es la comprensión de todo un sistema capitalista donde predomina el interés propio por conseguir dinero, ese valor de cambio que me posiciona o calma mi sed. El mundo está reflejado en los mercados y por ende todo su comportamiento. Dense cuenta de que la cuna de lo que ustedes son y anhelan cotiza cada día en los mercados financieros, así su funcionamiento psicológico y social. Las actitudes y aptitudes que puedan verse por la calle están representadas en una gráfica. Tras esta existe una persona que gestiona, ejecuta y toma decisiones. Que proviene de una cultura, con sus virtudes y defectos, ambiciones, frustraciones y miserias. Todo, absolutamente todo lo refleja el mercado. Algunos se atreven a decir que más que una ciencia económica es puramente una ciencia social reflejada en una gráfica. Millones de personas gestionan el 75% del capital mundial, capaces de lo mejor y de lo peor por generar más capital. Esa es la sangre del sistema en el que vivimos y del que quieran o no han sido educados a imagen y semejanza de sus principios y valores.

www.ingramcontent.com/pod-product-compliance
Lightning Source LLC
Chambersburg PA
CBHW070253230526
45470CB00002B/583